Cathy FRED

L’émotion à fleur de soi

Poésie

« La vérité a un cœur tranquille. »
William Shakespeare

PRENDRE LE TEMPS

PRENDRE LE TEMPS

Laisser s'imprégner le moment,
Doucement, tranquillement.
Ne pas se laisser le choix,
S'éloigner de tout émoi.

Juste prendre le temps...

Faire face au stress,
Ne pas s'abandonner à la détresse.
S'égrènent les minutes, les secondes,
Signes du temps qui passe et vagabonde.

Juste prendre le temps...

Une rencontre inopinée,
À plein cœur en profiter.
De cet instant unique,
Se créer une douce musique.

Juste prendre le temps...

Sans trop parler s'échapper
D'un futur tourmenté,
Aller au-delà des incertitudes,
Connaître au présent la béatitude.

Juste prendre le temps...

Manipuler le futur au présent,
Croire aux réussites dès maintenant.
Provoquer par la pensée,
En arrière laisser le passé.

Juste prendre le temps…

Prendre le temps au mot,
Vogue le navire en solo
Evitant la vague de trop,
Sirènes sans matelots.

Juste prendre le temps.

VOLETS BLEUS

Je ne lâcherai jamais rien
Même si l'angoisse m'étreint.
Dès que vous me laissez la main,
Peur de la flamme qui s'éteint.

Fuir le chemin,
S'échapper de son destin
Ne sont pas miens,
Force de vie au quotidien.

N'aurait-on donc pas droit
Au bonheur sans voix,
Sans choix ?
Quitter ce chemin de croix.

Le bonheur est à portée
À chaque pas de la vérité,
Rire sans se forcer,
Charge mentale effacée.

Roses d'un cottage, larmes.
Ouvrir les volets bleus, charme.
Les pies jacassent, alarme.
Terre humide, désarme.

Le feu brûle en moi,
L'émotion à fleur de soi,
Dernier tournoi,
Regard avide de joie.

Ne pas donner de place
Aux âmes sans grâce.
Un nouveau sourire agace
Par cette émotion jouasse.

LA PETITE MAISON

La petite maison au bout du chemin
Est le refuge de mes chagrins.

Depuis toujours, mon jardin secret est aussi
Un instant de répit
Pour savoir vraiment qui je suis.

La force d'un recueillement personnel
Qui insuffle une sécurité passerelle
À une existence non artificielle.

La petite maison au bout du chemin
Est le refuge de mes chagrins.

Tenir un monde toxique à distance
À bout de bras en toute pertinence,
Audace et insolence.

Un moment d'insouciance et de joie
Pour ôter ce poids
Devenu terriblement omniprésent en soi.

La petite maison au bout du chemin
Est le refuge de mes chagrins.

ROMAN

Je feuillette et parcours mon livre,
Une secrète évasion mêlée à tant de passion...
S'attacher à ce personnage,
L'accompagner dans ses émotions,
Ressentir le moindre de ses émois,
Détester ses pires ennemis...
Ne pas atteindre cette dernière page
Tant redoutée et synonyme de fin.
Fin de ce souffle de vie
Qui m'a porté jusqu'ici,
M'a fait peur, rêver, pleurer ou rire !
Quel terrible ombrage
À cet émouvant ouvrage.
J'aurais aimé cette existence
Avec ses danses, ses chagrins,
Les portes qui claquent,
Les mains qui se tendent.
Tendresse, désamour,
Mon cœur aussi teste ses limites,
Un mot s'échappe et l'espoir renaît
Encore plus fort que jamais.

MON JARDIN SECRET

Secret... un sourire au coin des lèvres,
Un regard rempli de malices mièvres...
Rien ne peut transpirer de mon esprit,
Révélations indisponibles de ma vie,
Suspense en permanente lassitude.
Difficultés à comprendre cette attitude,
Personne ne peut me voler mes pensées,
Mes plus fidèles alliées.
À jamais je les emporterai au plus profond
De mes souvenirs où elles se terreront.
Pas besoin de cacher une clé
Pour accéder à mon jardin secret,
Aucun carnet intime ne les délivrera,
Pas le moindre écrit ne les offrira.
Pourquoi tant de mystère ?
Pour se sentir libre et solitaire,
Sans jugement aucun
Ni tourment ni craindre dégun,
Simples pensées confidentielles
Dans un monde si torturé et cruel.

MONTER LE SON

La magie s'invite au mode pause
De la musique trop forte, entre nous
Résonnent les rêves les plus fous,
Une assurance brutale s'impose.

Retour aux souvenirs profonds,
Puiser cette force expressive
Qui nous guide sans notes agressives
Au rythme des sons.

Monter si fort le son
Pour briser ses propres inquiétudes,
Se laisser porter par les lâcher-prises
Et vivre à fond ses frissons.

L'existence doit être une belle réussite,
Esquiver les émotions négatives,
Au loin les ambiances sédatives,
Que les forces du mal se désinvitent.

L'HORIZON

J'aime laisser mon regard vagabond
Au-delà de l'horizon
Qui s'étire au loin au gré des nuages rosés,
Soleil au lever ou au coucher.
Même magie intense à Paris,
Saint-Malo ou en Nouvelle-Calédonie.
Le temps semble s'arrêter soudainement,
Sur fond musical fluvial, marin ou océanique,
Figé dans un élan de beauté éphémère,
Moment de paradis planétaire.
L'esprit libre telle une mouette flâneuse,
Profiter de cette évasion audacieuse,
À l'infini au tracé parfaitement sage.
C'est l'occasion de tourner la page,
De modeler son existence à ses attentes,
Rendre possibles ses envies latentes,
S'enfuir au-delà de ses espérances.

LE CHANTEUR

Au-delà des mots, des rimes,
Son vibrato nous emporte si loin,
Si proche des abîmes,
La liberté à portée de main.
Se laisser envahir par les émotions,
Le vertige au bord des larmes,
Délire partagé sans modération.
L'ambiance résonne et nous désarme
Faisant scintiller des milliers d'étoiles
Au fond de nos yeux et de nos cœurs.
Une voix qui nous dérive sans escale
Sur un océan de rythmes remplis de vigueur,
S'exhale un sentiment de force agréable.
Intensité des joies, peurs et peines
Au fil de ces moments inaliénables
À chaque écoute sérénité pérenne.

POUR TOUJOURS

POUR TOUJOURS

Un regard qui se veut touchant.
Meilleur jeu caché,
Derrière ce rempart tranchant
Pour un amour dépité.

Pourquoi ne plus espérer ?
Parce que le cœur sait,
Plus que les mots épelés,
Que jamais l'Amour disparu ne renaît.

Seules ses belles couleurs,
Sachant se faire discrètes,
Restent imprimées sur le cœur
À la fois pures et secrètes.

Amour caché, enfoui,
Mais toujours vivant.
Partager une nouvelle vie
Mais dans le mensonge permanent.

Avouer n'est pas une option,
Par dépit on vit sans passion,
On essaie de donner l'impression
Mais on n'a pas la sensation.

La page n’est pas tournée...
On s’y tient, on y croit encore...
Quelle est longue cette journée,
Cette année incolore.

Pour toujours ce souvenir
Sans que personne ne le soupçonne.
Pour toujours ce soupir
Auquel je m’abandonne.

SANS TOI

Te choisir a été une erreur
Par besoin d'un ailleurs.
Regarder dans la même direction
Par simple conviction.
Voyage au bout du monde,
De joie à venir belles ondes.
Sans ambition de vie,
Aventure trahie,
Essais transformés en sursis...
Une vie rêvée réussie
Mais sans toi.
Ton personnage matois
A trompé mon esprit,
A détruit,
A manipulé ma confiance,
A déjoué mes croyances.
Ligne de vie hachée vicieusement.
Mais heureusement,
J'ai aimé plus grand que toi,
Seuls ces souvenirs font foi,
J'ai été aimée plus fort
Pour être aujourd'hui debout encore.

AIMER

Une caresse sur la joue,
Roulez larmes salées.
Est-ce si compliqué d'aimer ?
Sentiment aux mille rendez-vous.

Est-ce si compliqué d'être aimé ?
Attentes d'un cœur de velours,
Notes de musique d'un jour
Puis silence absolu déchaîné.

Plonger dans un regard bleu azur,
Croire y lire une passion,
Vivre sans retenue ni préoccupation,
Profiter à toute allure.

Sa nouvelle raison d'être
À en perdre la tête,
Ignorant orages et tempêtes,
Lire et relire sans cesse ses belles lettres.

Aimer.

MON POÈTE

Faire ma vie sans toi,
Remettre en question ma foi
Au plus profond de mon être,
Tu étais pourtant mon poète.
Un amour caché sans faille,
Espérer des retrouvailles.
Fil provocateur d'une existence
Jusqu'à la dernière révérence.
Mélange de présence et d'âme sœur,
Tes mots au contour de mon cœur
Le font battre d'amour et de passion.
Mon poète à l'infini douceur frisson
Porte-moi à l'horizon des temps,
Fige pour toujours ce regard bienveillant.
Une subtile présence
Dans ce voyage rempli d'insouciance,
Une rare fragrance magique
Attise nos pensées poétiques.
Un grain de folie se glisse subrepticement
Dans nos moments de vie émouvants.

BOULEVERSEMENTS

Chaque jour est une nouvelle vie,
Le réveil un sourire, une larme...
Qu'importe, c'est écrit,
Avançons naturellement sans arme
Et assurés d'aimer et d'être aimés.
L'amour d'autrui,
Reconnaissance réciproque inespérée
De celui ou celle qui te sourit.
Maîtrise de la situation,
Ligne de vie toute tracée,
Peu de superstition.
Sur le temps s'inscrit notre avancée...
Un petit bout de musique
Qui rythme les choses non dites
D'une manière anesthésique.
Pourquoi pleurer, pourquoi chanter ?
Chaque nuit ouvre une nouvelle porte
Sur un cauchemar, un rêve à attraper...
L'imaginaire nous emporte
Dans une forteresse où se réfugier,
Protéger et se protéger.
Prudence d'interprétation,
Ligne de conduite
À suivre avec discrétion
Vie, survie ou fuite ?

Bouleversements.

INSTINCT

Sa main câline lui frôle la peau,
Un frisson parcourt son corps,
Son souffle court et chaud
La trouble encore et encore.
Seuls au bout du monde,
La quiétude de cet instant,
Deux esprits qui vagabondent
Et tentent d'échapper désespérément
À un abandon imminent.
Coupables d'un amour inopportun
Mais réel et conscient,
Ils s'aiment une dernière fois, certains
De pouvoir lier leurs âmes.
La même clé verrouille leur jardin secret,
Loin de ceux qui les condamnent.
Le jeu a bel et bien commencé,
Les regards se croisent
Sans s'émouvoir
Dans une ambiance sournoise.
Il est temps de croire
À cette victoire finale tant espérée.
La force de leur instinct,
Partir pour mieux se retrouver
Sera digne de leur lendemain.

MON CHAT

Tes yeux plongés dans les miens
Racontent ton amour fidèle.
Patte de velours éloigne mon chagrin,
Avec toi renaît l'étincelle
D'une vie précieuse.
Jamais tu n'oserais renier
Cette puissance mystérieuse
Qui nous lie avec fierté.
Pas de méfiance possible,
Jamais de remise en question,
Ton amitié toujours disponible.
Parfois un peu espion
Mais la chaleur de ta présence
À chaque fois m'apaise
Et éloigne ma souffrance
De tout vertige et malaise.

NAISSANCE

Petite fille, petit garçon
Qu'importe, de toute façon
Sans concession je t'aimerai
À puissance vraie.
Ta petite main dans la mienne
Et je suis sereine,
Ton éclat de rire
Et mon cœur chavire.
Ensemble nous construirons
Une forteresse face au septentrion
Une alliance de tous les jours.

DROIT DANS LES YEUX

DROIT DANS LES YEUX

Mensonges assumés avec tant de vigueur,
Blessures reçues en plein cœur.
Aucun regret ne transpire
De ces mots, de ces attitudes de vampire.
Se sentir si désemparée, si emplie de tristesse,
Grande solitude dans cette détresse.
Son grand jeu de victime...
Notre appel au secours jugé illégitime.
Je serai là, un jour, quand tu pleureras,
Mon empathie ne te relèvera pas
Car tes larmes ne regretteront jamais.
Elles seront juste là pour garder la face en paix
Et reprendre la lumière.
Je veux respirer sans misère,
Loin de moi ces moments vicieux,
Droit dans les yeux.

DÉLIRE

Les nuages veulent m'engloutir !
Je me débats dans ce champ de coton,
Aucun son ne sort de ma bouche,
Et pourtant je crie, je hurle à la folie.
Personne ne semble me voir,
Les éclairs zèbrent le ciel.
Une puissance m'attire, m'envole,
Qui suis-je ? Où vais-je ?
Puissance des ténèbres.
Je pars sans le vouloir,
Sans le savoir...
C'est trop tard
Ou peut-être trop tôt...
Oui, je veux que cela soit trop tôt.
Demain, je veux connaître demain.
Serait-ce trop demandé ?
Froid, chaud ai-je le choix ?
Revenir, se réveiller soudain,
Continuer à espérer ce lendemain,
Un plaisir de vivre.
L'instant se prolonge,
La solitude me ronge à présent,
Il y a autre chose
Qui ne se passe pas bien...
La peur affole mon esprit,
Les larmes tel un appel au secours,
Des yeux rouges me fixent maintenant.

Je suis immobile
Dans cette randonnée impossible,
M'oublier pour mieux recommencer,
Penser sérénité et oublier les rivalités.
Délire...

JALOUSE

Jamais je n'aurai pensé
À une jalousie si brute
Sans foi ni loi,
Epaulée par le mensonge,
Ne puisse te morfondre.
Être là, si proche.
Depuis toujours
Ronger chaque minute,
Chaque seconde.
Attendre le moment,
Surveiller sans relâche,
Etudier le moindre mouvement,
Le moindre souffle...
Pour sauvagement se venger
D'une simple présence,
Renier tout lien sororal,
Pour atteindre le sommet,
Être la souveraine.
Ce brin de folie,
Ce combat solitaire,
Cette vie par procuration.
Te laisser ronger par le mal,
Croire pour te rassurer,
Te donner raison,
Te victimiser.
Créer un monde,
Y faire adhérer ton entourage
Pour mieux isoler ta cible.

Je ne rentre pas dans ce jeu pathétique,
Je tourne le dos et m'éloigne,
Pour un ailleurs plus serein.
Cette indifférence dérange encore,
Peu m'importe,
Le cœur a été piétiné, abîmé
Mais il a résisté
Avec une force insoupçonnée.

JALOUSIE

L'insaisissable sentiment de trop,
D'une vie le défaut.
L'émotion submerge celui ou celle
Qui malignement l'ensorcelle.
Crise existentielle hystérique
Loin de toute atmosphère poétique.
Incompréhension alarmante,
Signes d'une folie latente
Qui, au fil du temps ne cesse
D'aliéner la tendresse.
Des moments d'inquiétude
Qui font place à une grande solitude.

INVISIBLE

Devoir affronter encore,
Ne pas se laisser amadouer.
Le stress hante mon corps
Qui ne sait plus se reposer.
Comment se faire entendre
Quand on est tant ignorée ?
Comment se faire comprendre
Quand le jeu est déjà terminé ?
Et pourtant j'existe, je suis,
Ma présence est invisible
J'en suis tout étourdie.
Les mots sont prévisibles.
Rester inlassablement,
Combattre cette envie de fuir
Ces moments embarrassants,
Courir à n'en plus finir
À en perdre haleine,
Loin toujours plus loin,
Une distance qui m'amène
À la fin de ce chemin.

QUI SUIS-JE ?

Je ne sais pas
Je ne sais plus
Un néant total s'offre à moi
Ai-je déjà vraiment su ?
J'ai su avant de les rencontrer,
Avant leurs paroles blessantes,
Leurs propos mensongers…
Ces attitudes encore me hantent
Et chaque jour m'accompagnent.
J'ignore, j'avance, je mets de côté,
Mais quand la fatigue me gagne,
Mes forces se sont envolées,
Personne ne m'a protégée.
Fausses étaient les mains tendues,
Toutes les promesses déjouées,
Par une lâcheté absolue.
Situation absurde d'un combat
Perdu d'avance.
Reconnaissance qui ne vient pas,
Je ne suis plus dans la danse.
Redevenir invisible,
S'éloigner pour mieux survivre,
Rendre le futur lisible,
Je suis de la vie ivre.

FARDEAU

Nombreux sont ceux
Qui cherchent une bonne âme
Pour alléger leur fardeau.
Paraître meilleurs
Dans le monde qui est le leur,
Effacer mais ne pas s'arrêter,
Laisser les autres en souffrance.
Provoquer, mentir, manipuler
Pour rester en lumière.
Une place dans une communauté
Qui sait mais ne trahira pas
Pour rester eux aussi,
Dans la trainée de la lumière,
Aussi éphémère soit-elle,
Pour un moment de gloire
Et d'histoires falsifiées.
Rester, paraître, tromper
Ou partir et choisir l'honnêteté ?

HORS-JEU

Le bambou se courbe sous le souffle du vent,
Les vagues se gonflent de puissance,
Les bateaux affrontent la mer vaillamment,
Un combat inévitable d'une absolue violence.
La tempête avance sans état d'âme,
Rien ne peut arrêter cette rage,
Et soudain l'humanité se pâme
Par la force d'une vengeance sage.
Mais la prise de contrôle va se relâcher,
Le gris du ciel va persister et menacer
Faisant planer une peur cachée.
Remodeler un paysage crevassé,
Soigner un mental abîmé,
Mais personne à détester au final,
Mis à part un Dieu hors-jeu et trompé
Dans cette partie inamicale.

SIGNE

Juste un signe, un court instant,
Pouvoir continuer à vivre
Sans plus attendre ce moment.
Quelques mots qui délivrent,
Mettent fin à une silencieuse bataille
Sans cesser de penser à cette injustice,
À ces paroles qui vous assaillent,
À cette folie destructrice
Qui vous a happé un jour.
Entre incompréhension et stupéfaction,
Malaise au long cours,
Sans escale à l'horizon
Sans escale à l'horizon.
Consciente d'un non signe à venir,
Accepter sans comprendre,
Oublier sans pardonner et sans faillir,
Sourire à s'y méprendre.
Prendre le risque de tourner le dos,
S'éloigner pour mieux voir s'envoler
Ses mots et regards indésirables et faux
Pour un lendemain meilleurement étoilé.

VIVACE

La colère de ne pas comprendre pourquoi
Certains esprits malins se jouent de toi.
Mentir, manipuler consciemment
Pour mieux profiter d'un instant,
Voler, se satisfaire inlassablement,
Et toi, tu restes là avec ton ressentiment ...
Les mains vides, le cœur en émoi.
La rage gronde au plus profond de toi
Mais sans force pour rugir,
Se défendre et t'assurer un avenir.
Les dés ont été joués à ton insu,
Peu importe ta douleur vécue.
Le vainqueur a disparu sans laisser de traces
Sauf une blessure vivace.
Choisir maintenant un autre chemin
Qui t'éloignera dans un futur certain
D'un passé ancré mais ignoré ce soir.
Vouloir n'est pas forcément pouvoir.
Ton enfant te prend par la main,
Signe d'un nouveau destin.

VERTIGE

VERTIGE

Vertiges des grandes impressions,
M’emportent les sentiments en totale fusion
Dans les méandres des souvenirs.
Une autre dimension de l’avenir
Fondue dans un lointain passé
Trop souvent dissimulé
Par peur de ne plus avancer…
Vertige obligé
Qui bouscule et donne accès
À des instants fugaces mais vrais.
Souvenirs adorés ou fuis,
Hier et aujourd’hui.
Pensées intenses,
Force ou fragilité pleine de sens,
Avidité d’une existence positive
Et d’une complicité réactive ;
Comprendre
Et se surprendre
Dans ce monde qui est sien,
Vertige soudain.
Défenses sans conséquence,
Joie et prudence.
Savourer les moments heureux,
Savourer les moments généreux,
S’avouer les instants de tristesse,
S’avouer les instants de détresse.
Vertige d’une vie
Avec ou sans sursis.

COLÈRE

Une force vérité étreint mon cœur,
Discrète et gardée en silence,
Elle s'use avec rancœur,
Incapable de se résoudre à la résilience.
Les mots se répètent inlassablement,
Envie d'un oubli sage,
D'un envol à jamais au firmament,
Mais la colère résiste en mode vagabondage.
Parfois apaisée au rythme de la vie,
Parfois véritable émotion de trop.
Savoir regarder plus loin aujourd'hui
Voir un avenir sans défauts.
Ne jamais pardonner assez pour lâcher-prise,
Se laisser hanter mais refuser
De la vengeance l'emprise.
Les élans d'agression refoulés
Par la peur de leur ressembler,
Ne plus croiser leur regard,
Se reconstruire n'est pas aisé...
Cela ira mieux plus tard...
Impression d'exister à contre-jour,
Sensation de ne rien valoir,
Crier sans bruit juste un souffle court,
Des larmes s'épuisent pour croire
À un nouvel amour de soi.
Le feu de la colère ne s'éteint pas
Les heures passent et l'humeur déçoit
À quand le nouveau Moi ?

PÉRIL

Images difficiles,
Animaux en péril,
Émotion à fleur de larmes,
De multiples signaux d'alarme.
Des mains qui se tendent,
Des âmes qui entendent,
Mais nombreuses morts
encore et encore.
L'empathie de certains
Luttent pour leur destin,
Sauvent des êtres fragiles
En demande d'asile.
Recul de l'indifférence
Face à tant de violence.
Prier n'est pas assez
Pour ces existences brisées.
Leurs grands yeux
Lancent des cris silencieux,
Des appels au secours
Pour leurs allers sans retour.
À jamais planent leurs esprits
Pour veiller sur les prochains bannis.
Aimer sans condition
Reste pourtant leur conviction.

LES GENS NE CHANGENT PAS

Quelques notes de piano ou de guitare,
Les doigts s'agitent en un rythme effréné,
Affolent la musique saoule ou reggae,
Se reflètent les excès dans le miroir.

Les gens ne changent pas...

Un sourire qui murmure la paix,
Un moment de trêve précieux,
Promesse d'un allié mystérieux,
Vouloir croire à ce moment suspect.

Les gens ne changent pas...

Sortir d'une vie de famille captieuse,
Trouver une place légitime ailleurs,
S'éloigner des non-dits et des menteurs,
Goûter à une liberté ambitieuse.

Les gens ne changent pas...

Se faire confiance et lever le voile,
Traduire son besoin de câlin,
Affoler son égo et redevenir humain,
Aller mieux et peindre une nouvelle toile.

Les gens ne changent pas.

FRAGILITÉ

La noirceur des eaux profondes m'attire,
Emporte mes idées sombres,
Anime mon esprit à sortir de l'ombre,
Aide l'impossible à surgir !

Que dis-je !
Mais brave l'ennui,
Vibre aujourd'hui
Jusqu'à atteindre le prestige...

File Ô file
Étrange puissance,
Dirige ma fragilité à contresens
Telle une force tranquille.

Libre voyage,
Au cœur de l'insouciance
Au cœur de l'inconscience
Libre pèlerinage.

Chut ! Écoute maintenant...
Casse ces liens antiques,
Forces authentiques
Présentes jusqu'à présent.

RIEN N'EST INTACT

Au-delà des frontières, tu te caches
Pour ne pas affronter l'orage,
Tu as renié toutes tes attaches
Et forgé un nouveau personnage.
Au loin, si loin, tu oses penser
Avoir éviter le naufrage
Avec quelques mots dispersés
En de si joyeux messages.
Mais quelle tromperie imaginée,
Quelle lâcheté bien ficelée !
Se détourner sans avoir reproché,
Pour garder des non-dits, être tourmenté.
Pour te rassurer facilement,
Tout est falsifié, rajusté ;
Penser que tout est intact finalement.
Pourquoi un peu garder,
Et ne pas tirer un trait définitivement ?
Parce que rongé par tes torts...
La vérité écoutée inlassablement,
Mensonges délivrés sans remord
Avec adresse et manipulation.
Sans que tu le saches
Tout est remis en question,
Tout le monde se fâche.
Je te le dis aujourd'hui
Le dernier lien est rompu.

Je m'éloigne, blessée, abasourdie,
Je n'attendrai plus.
Le courage te manque depuis toujours,
Et finalement le temps passe
Avec ou sans détour,
Inexorablement rien ne s'efface.

LA FRÔLER

Profiter de la vie en toute insouciance
Aimer, rire, évincer les aléas...
Bouger au rythme de la musique, ambiance
Loin de tous les tracas.

La lumière devient soudainement inquiétante,
Un malaise s'impose à soi sans y être invité
Comme un orage et sa pluie battante
Semant froid, peur et animosité.

Le temps semble brutalement se figer
Des frissons parcourent ce corps
Maintenant en grand danger,
Le choc signe un premier arrêt de mort.

Les ténèbres envahissent l'espace petit à petit,
Vous poussent à lâcher prise.
Mais avec force et rage l'esprit
Encourage le combat en toute maîtrise.

Entre réalité et envie d'exister,
Vaincre un tabou qui effraie le monde,
Colère et frustration des moments volés,
Gérer son esprit de fronde.

La solitude envahit l'espace,
Vivre dans son silence profond,
À la maladie faire face,
Assumer ses larmes d'émotion.

Rémission et renaissance
Invitation guerrière
Réconfort et reconnaissance
Blessures et séquelles en plein désert.

DÉFIANCE

Un inconfort au quotidien brise
Cet élan qui brûle en moi.
Je ne suis pourtant pas soumise
Ni appelée par une quelconque voix.

L'incertitude de mes pas cache
Une peur qui m'étrangle sournoisement
Et inlassablement me fâche
Avec cet ego qui n'est p
as mien finalement.

Trouver sans masquer cette force
Pour bousculer encore et encore les interdits.
Ces interdits sans aucun sens ni sacerdoce
Braver pour exister, pour créer sa propre vie.

Assumer ses cris intérieurs,
Soucieuse de les légitimer
Et peut-être en oublier la frayeur
Et arrêter cette existence mimée.

HALLOWEEN

Les ombres sont au rendez-vous ce soir,
Partie de cache-cache improvisée
Au clair de lune, bel esprit propice aux histoires
Racontées par une nuit diabolisée.
Prêts à se sauver ou prêts à affronter ?
Entre rires et fureurs
La réalité a choisi de nous faire douter !
Cris ensorcelés de sacrés farceurs,
Liesse collective pour s'évader un moment
Des soirées tranquilles passées au coin du feu.
Libre cours à l'imagination maintenant
Ambiance volcanique pour des esprits aventureux
Digne d'une soirée d'Halloween.
Un voyage au pays des mystères
Où se côtoient des fantômes anonymes
Et des zombies inquiétants dans les cimetières.
Les corbeaux veillent, les citrouilles s'illuminent
Dès la tombée de la nuit pour mieux guider
Les enfants en quête de confiseries et d'humeur taquine.
Que se remplissent leurs sceaux en entier !

À CONTRE-COURANT

Tel un nuage qui avance sans savoir
Où aller en suivant le fil du vent.
Ralentir, s'élever au rythme d'un soir
Cela va, cela vient, hier et maintenant.
Se faufiler dans une expérience,
Une aventure au scénario bien imaginé.
Sensibilité à outrance,
Accéder à une vie idéalisée,
Rêve ou réalité sans importance.
Vivre à contre-courant pour
Se laisser porter dans l'indifférence,
Surfer entre amitié et amour,
Ne pas réfléchir au lendemain,
Fermer les yeux,
Se laisser surprendre par un parfum
A la fois suave et soyeux,
Une faible musique vient harmoniser
Et figer ce laps de temps.
Les lumières bleues de cette fin de journée
La remplissent de poésie maintenant.

HYPERSENSIBLE

Sensation d'infinie solitude,
Murmures, cris silencieux,
Zoom arrière brutal mystérieux,
Vision de haute altitude.

Mots reçus à fleur de peau.
Pas de vague à l'âme,
Impossibles bruits du macadam,
Résonnent en secret sans repos.

Surprendre les reflets colorés invisibles
Aux autres, pourtant si présents.
Émotions au firmament,
Survivre et surprendre l'indicible.

Un instinct profond qui désarme,
Identifie des démons, une menace.
Pouvoir des souvenirs tenaces,
Un sourire, un rire, une larme.

Le souffle d'une vie qui s'éternise,
Déchire un ressenti si profond
Intime et loin de tout soupçon
En toute consciente maîtrise.

POINT DE RUPTURE

POINT DE RUPTURE

Est-ce qu'un jour tu te souviendras
De nos derniers mots partagés ?
Est-ce que l'on atteindra
Cette vie rêvée murmurée ?
Ce manoir avec vue sur les prés,
Nos chevaux au petit matin,
La bibliothèque au bow-window ensoleillé,
Le lit aux draps de satin,
La grande salle de musique...
Cela fait si longtemps que j'ai mal,
Cela fait si longtemps que j'hésite.
Ce silence persistant anormal
Même dans le hourvari.
S'imaginer à contre-jour,
Regarder d'en haut la vie,
Mon espoir de retour.
On dirait qu'il est déjà tard
Pour espérer plus de notre existence,
Les fleurs du passé ont fané ce soir.
Mais je choisis d'ignorer la délivrance,
Il est si bon d'y croire,
Je ne veux toujours pas les laisser mourir,
Il serait si bon de se revoir,
Faire revivre ces souvenirs,
S'endormir avec ces pensées
Bercée par le son de ta voix,
Par tes yeux bleus transportée
Dans ce monde imaginée de soie.

LÀ

Être là avec les autres,
Partager ce moment,
Ce bout de vie, ce présent,
Le nôtre, le vôtre...

Mais voilà, on s'arrête là.
On ne peut plus croire
À ce faux reflet dans le miroir,
Tout n'est que paranoïa.

Un temps suspendu,
Loin des non-dits bouleversants,
Des mensonges envahissants,
Aucuns possibles malentendus.

Là, maintenant, sans explication,
Plus de promesses non tenues,
Sourires menteurs exclus,
Ne plus revenir, sans concession.

Les secrets ne se murmurent plus.
Les regards ne devront plus s'éviter.
Pouvoir de recommencer,
Et connaître une liberté absolue.

MIROIR

Miroir, mon beau miroir
Cache-moi cette vérité
Que je ne souhaite pas voir,
Sois mon indulgent allié.
Le temps implacable soit-il
Peut-il réellement nous priver
De notre fatal profil ?
Fais en sorte de l'ignorer
Sans que je ne doive t'éviter.
Miroir, mon beau miroir
Où sont mes jeunes années ?
Rends-moi ce soir
Ce sourire insouciant et rebelle,
Cette malice au fond de mes yeux.
Je n'étais peut-être pas la plus belle,
Mais, entretenons ce moment délicieux,
N'entamons pas cet espoir
Qui peut changer une vie.
Miroir, mon beau miroir
Mon reflet n'est pas celui de mon esprit ;
Accorde-moi ce mensonge
Pour retrouver le plaisir insensé
Qui n'était pas qu'un songe
Dans les yeux de l'être aimé.

À TOI

À toi, ce frère que j'aurais voulu avoir,
Pas celui qui sans arrêt s'enfuit dans le noir.
Incapable d'affronter le passé, présent ou futur
Se cacher, toujours cette réponse, ton armure.
Préserver ton esprit, mais pas ton âme.
Une souffrance réelle au fond de toi s'enflamme,
Derrière ce visage une existence faite
De joie, de peurs, de rires, d'espoirs, de fête...
Invisible pour mieux mépriser des autres la vie,
Aimable et souriant pour garder en survie
Un lien sororal, refuser qu'il soit pourtant brisé.
Entretenir des non-dits comme pour se rassurer,
Espérer cacher une vérité pour ne pas heurter...
Mais au fond est-ce la bonne version de cette vérité
Ou seulement celle que l'on t'a versée ?

J'AVAIS DE SI BEAUX RÊVES

Mes rêves étaient si beaux tout en douceur,
Ils sentaient bons le bonheur,
Mon petit coin de paradis.
Ce n'est pas faute d'avoir relevé les défis
Qui m'ont pourtant inlassablement échappés.
Mauvaises rencontres, malmenée,
Je n'ai pas su gérer avec confiance.
Maladie, je me suis accrochée avec défiance,
Grâce aux infirmières et médecins
J'ai pu finalement voir demain.
Je ne suis pas allée au bout des autres chemins,
Découragement et solitude m'ont lié les mains.
Dans le silence, les larmes la nuit
M'ont si souvent envahie.
Mes sourires faussés par des sanglots invisibles,
L'espoir peu à peu s'efface devant l'inaccessible.
Est-ce le manque d'un petit grain de folie ?
Trop de reproches sur cette personnalité introvertie,
Le chemin était si long pour plaire,
Donner ces facettes douces amères.
Mais mes rêves étaient toujours identiques,
S'éloigner de soi-même, ne plus être authentique,
Se remettre sans cesse en question
Sans de véritables raisons.
Un entourage, de fausses mains tendues,
Une famille qui vous laissent à vos illusions perdues.

SAVOIR PARTIR

Fermer une porte derrière soi,
Partir sans dévoiler l'émoi
De ce moment de délivrance,
Empli de volonté et de confiance.
Savoir respirer l'espoir,
Changer sa propre trajectoire,
Se rebeller avec courage,
Force d'un nouveau voyage.
Ignorer les appels de ceux
Qui se jugent malheureux,
Coupables conscients de ce départ.
La clé du passé est jetée, trop tard.
La puissance de cette volonté
Félicite le rejet du passé,
Loin des tourments de l'âme
La liberté en est le précieux sésame.

FLOU

Je peux juste maintenant te prendre la main,
Sans connaître vraiment le lendemain.
Le flou au fond de tes yeux voile ta mémoire,
Tes souvenirs s'embrouillent dans l'espoir,
Sans cesse plus de questions assurément
Pour te raccrocher à ce qui te reste de présent.
De ces moments, je me rappelle ta détresse,
Il n'est même plus question d'aller mieux.
Ton humeur varie entre moments anxieux,
Joyeuses pensées
Et peur de ce qu'il va t'arriver
Quand je ne suis pas près de toi.
Plane un goût amer de ta vie qui a été à la fois
Remplie d'émotions, de tourmentes
Et de tant d'heures d'attente.
Impossible de te détourner de ce chemin
Qui te hantait car il était, il est tien.
Tu peux compter sur moi sans restriction
De côté les frictions des proches et mon affliction,
Seul m'importe ton apaisement
Un sourire sans larmes ni découragement.
Même furtive, cette lueur ravive ton âme
Et nous-mêmes nous enflamme.

REGARD VIDE

Un regard vide plongé dans un monde
Où la planète Terre n'est plus ronde.
Pourtant la Vie est toujours là
À portée de mots couleurs lilas,
Mais loin de ces souvenirs partagés.
Les mois, les années se mélangent
En un souffle étrange.
Les émotions submergent cet esprit
En quête d'une stabilité qui s'est enfuie
Un petit matin du mois de germinal.
Larmes de joie ou de peur infernale,
Te tenir la main
Sur ce nouveau chemin.
Etouffer ces incompréhensions soudaines
Par des sourires francs pour que surviennent
Des moments de douceur sereins
En attendant un meilleur lendemain.

TA SOUFFRANCE

Heureuse que tu m'accompagnes si loin
Sur mon déjà long chemin.
Ce partage est un cadeau de la vie,
De se quitter jamais l'envie.
Je vis, je ressens ta souffrance,
Ces cris silencieux qui cherchent la délivrance.
Tes yeux dans le vague appellent,
Tes souvenirs s'emmêlent,
Tu existes tel un fantôme
Dans une existence en monochrome.
À mon tour je veille sur toi,
Discrètement, j'essaie d'être ta voix,
Comprendre attentes et questionnements,
Fleurir ton chemin restant,
Éloigner cette peur de la nuit et de la solitude,
Tout doit être amour loin de toute inquiétude.

MA CHERE COUSINE

Je me souviens si bien de toi,
Vogue ton esprit maintenant jusqu'à moi.

Ta joie de vivre au quotidien,
Jeux et joie nos précieux liens.

Comme on se ressemble,
Vacances et plaisir d'être ensemble.

Les rives de l'au-delà maintenant
Sont ton territoire que j'espère bienveillant.

Personne n'a su te protéger
Des rencontres toxiques ni t'en libérer.

Vie telle une radio qui grésille soudainement
À cause des moments de vacillement.

Tu t'es aventurée vers ce lendemain incertain
Une volonté d'échapper sans le savoir à ce destin.

Le piège était malignement tendu
Et s'est refermé à ton insu.

Je n'ai pas pu te tendre la main
Je ne savais pas ton chagrin.

Perdues de vue chacune sur nos chemins
Je ne savais pas le tien sans lendemain.

BLESSURE

Chaque blessure assurément
Se marque silencieusement
De manière habile et indélébile
Manipulant notre humeur versatile.

Une blessure s'ouvre et vient
Raviver notre discret chagrin
Aux aléas du temps
S'envolent les larmes au gré du vent.

La détresse de l'instant
En fait présente éternellement
Mais secrète et inavouée
Attise mes pensées.

Étrange sentiment caché
Au visage de la réalité
Souffrance dans une indifférence
Sans voix ni violence.

Le manque d'une présence
Le froid d'une absence
La vie prend le dessus
Mais sans issue.

REGARD

Impénétrable, noyé dans un brouillard,
Bleu profond, vert émeraude ou bien noir,
Ce regard vous fixe sans émotion à délivrer
Au-delà d'un esprit troublé.
Vibrent les sensations effleurées,
Les sentiments un à un ravivés.
Un malaise sans identité au demeurant,
Essayer de surprendre, ne serait-ce qu'un instant,
Hostilité ou bienveillance dans ce moment.
Aucun mot véritablement ne transcrit
Ce frisson de l'âme ressenti.
Ce regard perçant percute votre être,
Bouleverse et s'impose en maître.
Refuser de se soumettre
Ni de se laisser atteindre, paraître
Libre de toutes les chaînes
Que puissent sceller amour ou haine.

TOURNER LA PAGE

Quand la souffrance devient trop grande,
Que la lumière ne sera jamais vainqueure
De ce combat inégal sans sarabande,
Que sonne sa dernière heure !

Savoir tourner la page

Qu'il est difficile de lâcher prise,
De ne pas pouvoir délivrer sa vérité,
De rester au bord du chemin avec méprise,
Solitaire et en pleine détresse imméritée.

Savoir tourner la page

Les larmes refoulées de ce regard motivé,
Un avenir porté par l'espérance,
Que reste en l'adversité esquivée
Le doute et non la bienveillance.

Savoir tourner la page

Distance à l'angoisse et la tristesse,
Que disparaisse cet esprit malin fort
Qui ne nous atteindra plus avec rudesse,
Perdure en lui culpabilité et remord.

Savoir tourner la page.

TABLE DES POÈMES

• PRENDRE LE TEMPS

PRENDRE LE TEMPS
VOLETS BLEUS
LA PETITE MAISON
ROMAN
MON JARDIN SECRET
MONTER LE SON
L'HORIZON
LE CHANTEUR

• POUR TOUJOURS

POUR TOUJOURS
SANS TOI
AIMER
MON POETE
BOULEVERSEMENTS
INSTINCT
MON CHAT
NAISSANCE

• DROIT DANS LES YEUX

DROIT DANS LES YEUX
DELIRE
JALOUSE
JALOUSIE
INVISIBLE
QUI SUIS-JE ?
FARDEAU
HORS JEU
SIGNE
VIVACE

• VERTIGE

VERTIGE
COLERE
PERIL
LES GENS NE CHANGENT PAS
FRAGILITE
RIEN N'EST INTACT
LA FROLER
DEFIANCE
HALLOWEEN
A CONTRE COURANT
HYPERSENSIBLE

• POINT DE RUPTURE

POINT DE RUPTURE
LA
MIROIR
A TOI
J'AVAIS DE SI BEAUX REVES
SAVOIR PARTIR
FLOU
REGARD VIDE
TA SOUFFRANCE
MA CHERE COUSINE
BLESSURE
REGARD
TOURNER LA PAGE

www.ingramcontent.com/pod-product-compliance
Lightning Source LLC
LaVergne TN
LVHW020658100826
845148LV00012B/2552

9791098478208